© 1996 Edizioni Grafiche Vianello srl/VianelloLibri (I edizione)
© 2004 Edizioni Grafiche Vianello srl/VianelloLibri (II edizione)
Ponzano/Treviso/Italia
E-mail: info@vianellolibri.com – http://www.vianellolibri.com

ISBN 88-7200-149-8

FULVIO ROITER • LA MIA VENEZIA • VENICE

Acque, stoppie, fanghi, canneti; e distese di terra ricoperte da una minuta vegetazione che fiorisce di tinte delicate,
confinanti con i vasti lagoni dalle acque immote, dai riflessi iridescenti.

A segnare per sempre il destino di questo mondo salmastro, formatosi gradualmente, come gradualmente si popolava di genti sfuggite
alla terra inselvatichita nell'abbandono, alle città via via diroccate da scorridori e conquistatori
(vere e proprie ondate di profugato vi furono al momento delle incursioni degli Unni di Attila) fu la calata dei Longobardi in Italia.

Alle spalle delle lagune ormai si insediava un regno nazionale longobardo.

È allora che la migrazione si fa massiccia, che dalle città dell'interno, incorporate nel nuovo regno,
si trasferiscono negli insediamenti lagunari i cittadini romano-veneti che romani vogliono restare e che cercano la sovranità dell'unico
imperatore romano superstite, quello d'Oriente, che risiede a Bisanzio.

Da Adria a Chioggia, da Padova a Metamauco, da Concordia a Caorle fuggono anche i capi delle comunità religiose.

A Torcello giunge il vescovo di Altino, con le reliquie del santo patrono, Eliodoro.

E a Grado giunge Paolino, vescovo di Aquileia, con le reliquie dei santi aquileiesi. Il trasferimento della gerarchia ecclesiastica
sottolinea il ripristino delle istituzioni nelle lagune, l'affermarsi della continuità.

Nascono nel IV secolo le grandi basiliche, Santa Eufemia a Grado, Santa Maria Assunta a Torcello.

Tra paludi, stoppie e canneti, è nata una nuova civiltà.

Alvise Zorzi

*Water, scrub, mud, reeds and stretches of land covered with minute vegetation blooming in delicate shades and bordering on vast
stretches of still, opalescent waters.*

*It was the descent of the Longobards into Italy which was really responsible for the destiny of this saline world which formed so gradually,
and was populated little by little by people fleeing from abandoned overgrown areas and from cities gradually demolished by raiders
and conquerors. There were never ending streams of refugees during the invasions carried out by Attila's Huns.*

*By then, the national Longobard kingdom had been installed behind the lagoon. It was then that mass migration took place.
Roman-Veneto citizens who wished to remain Roman, moved to lagoon settlements from the inland cities incorporated into the new
kingdom. These people wanted to be ruled by the only surviving Roman emperor – ruler of the Eastern Empire – who lived in Byzantium.*

Even the religious leaders fled from Adria to Chioggia, Padua to Metamauco and from Concordia to Caorle.

The Bishop of Altino reached Torcello with the relics of Heliodorus, the patron saint.

*Paolinus, Bishop of Aquileia, arrived in Grado with the relics of Aquileian saints. This transfer of the ecclesiastic hierarchy guaranteed
the reinstatement of these institutions in lagoon areas, thus asserting their continuity.*

The great basilicas of St. Eufemia in Grado and St. Maria Assunta in Torcello were established in the sixth century.

A new civilization was born amongst the marshes, scrub and reeds.

Alvise Zorzi

... una seducente imprevedibilità, un'arcana traslucenza.
Appare all'improvviso dal mare che stiamo sorvolando un indecifrabile arabesco di segni, geroglifici,
lettere misteriose di un alfabeto sumerico. Sembra uno strano arazzo, una liquida tappezzeria, un mandala, una interminabile
decorazione, un espandersi di migliaia di tortuosi canali, rivi, laghetti che vanno a formare la laguna di Venezia
e che visti così dall'alto suggeriscono l'immagine di un immenso, meraviglioso tappeto persiano.

Federico Fellini (1987)

... a charming note of unpredictability, an arcane translucence.
We are flying over the sea and out of that sea appears an undecipherable arabesque of signs, hieroglyphics and mysterious letters in
some Sumeric alphabet. A strange tapestry it seems, a mandala, an interminable decoration, the proliferation of canals,
embankments and small lakes that go to make up the Venetian Lagoon and which, seen from above, make you think of an immense and
wonderful Persian carpet.

Federico Fellini (1987)

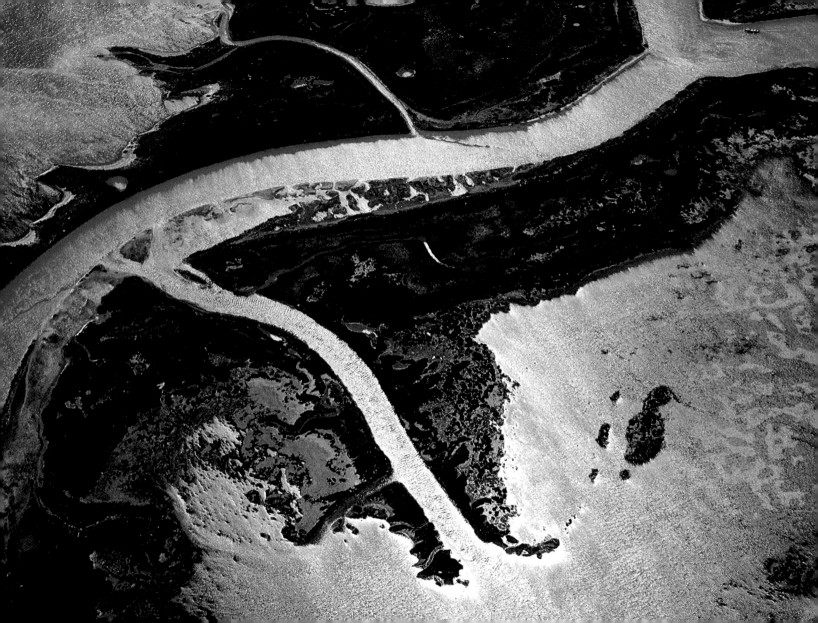

Un muto dondolio di rama sul muto tremolio dell'acque.
La voce che nel tempo tacque ora, ecco, mi richiama.

Diego Valeri (1958)

The swaying of branches, allied to the soundless tremor of the water.
The voice which, in time, grew silent now calls out to me once more.

Diego Valeri (1958)

Ci sono momenti e ore a Venezia, di luce perpendicolare o radente, priva d'ombre, durante le quali la città si colloca nello spazio e nell'aria tale da apparire un oggetto prismatico e non reale, una sorta di astratto diamante trafitto da bagliori interni, puro oggetto di contemplazione.
Sono i momenti in cui l'esteta tocca con mano il miraggio.

Goffredo Parise (1976)

In Venice there are moments and hours when the light is perpendicular or extremely low, and there are no shadows, when the city is poised in space and air in such a way that it seems a prismatic, unreal object, a kind of abstract diamond pierced with inner lights, purely an object of contemplation. In moments such as these, the aesthete can touch the mirage with his own hands.

Goffredo Parise (1976)

Ecco là ancora una volta davanti a lui, l'approdo
indescrivibile, l'abbagliante insieme di fantastiche
costruzioni che la Serenissima offriva allo sguardo
ammirato del navigatore in arrivo ...
E, guardando, rifletté che giungere a Venezia col treno,
dalla stazione, era come entrare in un palazzo per la porta
di servizio; e che in nessun altro modo se non per nave,
dall'ampio mare, come lui ora,
si doveva porre piede nella città inverosimile tra tutte.

Thomas Mann (1912)

And there she lay again before him,
that ineffable mooring-place, that dazzling mixture
of fantastical buildings that the Serenissima offered to the
spellbound eyes of the incoming seagoer. Looking at all this,
he reflected that to arrive in Venice by train,
from the railway station, was tantamount to entering
a place by the tradesmen's entrance. In no way other than
by boat, from the wide expanse of the sea, as he was doing
now, could one set foot in this most unfathomable
of all cities.

Thomas Mann (1912)

La Piazza San Marco è la più bella sala da ballo del mondo e non vi è che il cielo blu che sia degno di farle da soffitto.

Napoleone Bonaparte (1810)

St. Mark's Square is the most beautiful dance-hall in the world and nothing but blue sky is worthy of being its ceiling.

Napoleon Bonaparte (1810)

La pioggia a Venezia è una delizia.
Soltanto gli stranieri credono al sole.
La pioggia risveglia l'odore delle pietre.

Jean Giono (1954)

Rain in Venice is a delight.
It is only the foreigners who believe in the sun.
The rain awakens the smell of the stones.

Jean Giono (1954)

Chiostri e loggiati così leggeri che avrebbero potuto essere opera di mani magiche, eppure così saldi da aver resistito alla sferza del tempo, avvolgevano tutto attorno questo palazzo.

Charles Dickens (1846)

Cloisters and galleries: so light, they might have been the work of fairy hands: so strong that centuries had battered them in vain: wound round and round this palace...

Charles Dickens (1846)

La grandiosa finestra sulla facciata del Palazzo Ducale verso la Piazzetta, con le quattro statue di divinità mitologiche, eseguite da allievi del Sansovino, e il doge Andrea Gritti (1523-1538) inginocchiato davanti al leone alato, gruppo marmoreo della fine dell'Ottocento riproducente l'originale distrutto dai municipalisti nel 1797.

The magnificent window on the façade of the Doge's Palace overlooking the Piazzetta, with its four statues of mythical deities by pupils of Sansovino, and its kneeling statue of the Doge Andrea Gritti (r. 1523-1538) before the winged lion, is a marble group dating from the nineteenth century. The originals were destroyed by the municipalisti in 1797.

Loggetta del campanile di San Marco costruita da Jacopo Sansovino tra il 1537 e il 1549. Le statue in bronzo di Minerva, di Apollo e della Pace sono dello stesso autore come pure i numerosi rilievi. Sullo sfondo la Libreria Marciana, sempre opera del grande architetto e scultore.

The Loggetta of the Campanile of St. Mark, built between 1537 and 1549 by Jacopo Sansovino, who was also responsible for the bronze statues of Minerva and Apollo and the numerous reliefs. In the background is the Marciana Library, also designed by this great architect and sculptor.

D'avorio e di corallo era il Palazzo Ducale irradiato dal sole.
Aldo Palazzeschi (1967)

Of ivory and coral was the Doge's Palace in the rays of the sun.
Aldo Palazzeschi (1967)

La dimora più splendida che si conosca per luce e bellezza.

Aldo Palazzeschi (1951)

The most splendid residence that is known, for its light and beauty.

Aldo Palazzeschi (1951)

I cavalli di San Marco furono portati a Roma nel I secolo d.C. dalla Grecia o dall'isola di Chio. Nel IV secolo d.C. Costantino li trasferì a Bisanzio. Trasportati da Domenico Morosini nel 1204 a Venezia, vennero alloggiati all'Arsenale e di lì trasferiti sopra la loggia di San Marco. Con la caduta della Serenissima nel 1797 i cavalli seguirono le truppe napoleoniche a Parigi. Nel 1815 Francesco I d'Austria li riportò a San Marco. Di lì subirono altri due trasferimenti imposti dai pericoli delle due guerre mondiali nel 1917 (vennero portati a Roma) e nel 1943. Infine nel 1987 furono sostituiti con delle copie.

The horses of San Marco, brought to Rome either from Greece or from the island of Chio in the first century A.D. In the fourth century A.D. they were taken to Byzantium by Constantine. In 1204 Domenico Morosini transported them to Venice, where they were placed in the first instance in the Arsenal and later transferred to the terrace of the Basilica of St. Mark. With the fall of the Serenissima Republic in 1797 the horses went back to Paris with Napoleon's troops. Emperor Franz I of Austria returned them to St. Mark's in 1815. They were again removed – this time for safekeeping – during the two world wars, in 1917 (when they were sent to Rome) and in 1943. Finally, in 1987 the originals were replaced with copies.

Tutto quello che in San Marco ferma lo sguardo e colpisce il sentimento o è bizantino o è stato modificato dall'influsso bizantino. ...Intorno ai muri sono disposte colonne di pietre variegate, diaspro e porfido, e serpentino d'un verde profondo macchiato di fiocchi di neve, e marmi che in parte negano e in parte offrono al sole, come Cleopatra, "le loro vene più azzurre da baciare".

John Ruskin (1851)

Whatever in St. Mark's arrests the eye, or affects the feelings, is either Byzantine, or has been modified by Byzantine influence. And round the walls of the porches there are set pillars of variegated stones, jasper and porphyry, and deep-green serpentine spotted with flakes of snow, and marbles, that half refuse and half yield, to the sunshine, Cleopatra-like, "their bluest veins to kiss".

John Ruskin (1851)

In tutte le grandi città, io passo la mia vita in un'isola assai piccola. L'isola di San Marco, con i suoi centoventi caffè o salotti, delimiterà probabilmente i miei percorsi.

Stendhal (1845)

In all big cities, I spend my time in a fairly small island.
The island of San Marco, with its hundred and twenty coffee houses or
salons will probably set a limit to my wanderings.

Stendhal (1845)

Numerosissimi erano i caffè nel Settecento, intorno a Piazza San Marco, distinti dalle più bizzarre insegne: sotto le Procuratie Vecchie i caffè Al Re di Francia, All'Abbondanza, Pitt l'Eroe, Alla Regina d'Ungheria, Dell'Orfeo, Del Redentore, Al Coraggio, Alla Speranza, All'Arco Celeste, il Quadri (tuttora esistente, aperto nel 1775); sotto le Procuratie Nove, i caffè Dell'Angelo Custode, Del Duca di Toscana, Al Buon Genio, Del Doge, Dell'Imperatore, Dell'Imperatrice di Russia, Del Tamerlano, Della Fontana Diana, Delle Dame Venete, All'Aurora, All'Arabo, Alle Piante d'Oro, Delle Piastrelle, Della Pace, e Alla Venezia Trionfante, poi Florian.

There were numerous coffee houses in Piazza San Marco during the eighteenth century, each bearing a distinctive and often curious name. Beneath the Procuratie Vecchie stood the "French" coffee house, the "Plenty", the "Queen of Hungary", the "Orpheus" the "Redeemer", the "Courage", the "Hope", the "Blue Arch", and the Caffé Quadri (which was established in 1775 and is still open today). Underneath the Procuratie Nuove were the "Guardian Angel", the "Duke of Tuscany", the "Good Fairy", the "Doge", the "Emperor", the "Empress of Russia", the "Tamburlaine", the "Fontana Diana", the "Venetian Ladies", the "Dawn", the "Arab", the "Golden Plants", the "Tiles", the "Peace" and, finally, "Venice Triumphant", now the Caffé Florian.

Il Florian fu completamente rinnovato e ampliato nel 1858, assumendo le dimensioni e l'aspetto attuali: la saletta del Senato decorata dai pannelli del pittore Casa raffiguranti il Progresso e le Scienze, le salette Greca e Persiana, le sale laterali con i ritratti di uomini illustri dipinti dal Carlini, la Galleria delle Stagioni.

"Florian" was completely renovated and enlarged in 1858, thus becoming of the size and aspect that it still has today. There is the Sala del Senato with its decorated panels of the Progress of the Sciences by the painter Casa, the lateral Greek and Persian rooms with their portraits of famous men by Carlini and there is also the Gallery of the Seasons.

Il 29 dicembre 1720 Floriano Francesconi aprì sotto le Procuratie Nove il suo caffè
"Alla Venezia Trionfante", boriosa insegna per le due modeste stanzette di cui era costituito,
e vano auspicio in quegli anni di estremo declino della Repubblica.
Quando Napoleone s'impadronì di Venezia e ai porticati della Piazza impose i nomi di
Galleria della Libertà e Galleria dell'Uguaglianza, Valentino Francesconi, subentrato nella
gestione, considerò opportuno sostituire la vecchia insegna con una più modesta e consona,
e intitolò il caffè allo zio fondatore, Florian.

*On the 29th of December 1720, Floriano Francesconi opened his new coffee house
"Alla Venezia Trionfante" beneath the Procuratie Nove. It was a proud name for the two little
rooms that the Café consisted of in those days, but one of ill omen in those years of final
decline for the Republic. Napoleon, when he arrived, gave the Procuratie the two names
of Galleria della Libertà and Galleria della Uguaglianza (Equality) and Valentino
Francesconi, who ran the Café at the time, considered it wise to replace the old sign with the
rather more modest and consonant one of Café Florian, after its founder.*

... ci concorre dalle più longique
parti della terra ogni gente,
onde ci si veggono persone differenti
e discordi di volti, di habiti, e di
lingue, ma però tutti concordi in
lodare così ammiranda città.

Francesco Sansovino (1580)

*People flock here from all corners
of the earth. Here you can see all
manner of faces, ways of dressing,
and languages, incongruous
in everything except their praise
of so admired a city.*

Francesco Sansovino (1580)

Il disegno di liste
bianche che
illeggiadrisce il selciato
di Piazza San Marco fu
ideato dall'architetto
Andrea Tirali nel 1723.

The tracery of white
lines that lightens
the stone flagging
of Piazza San Marco
was placed there
by the architect Andrea
Tirali in 1723.

L'istituzione del convento dei benedettini nell'isola di San Giorgio Maggiore, di faccia a San Marco, risale all'anno 982.
Nel XVI secolo i monaci iniziarono la totale ricostruzione degli edifici, affidata ad architetti insigni. Dal 1951 è sede della Fondazione Giorgio Cini, centro internazionale di alta cultura, che continua la grande tradizione benedettina.
Nell'isola, chiamata anticamente dei cipressi, fu costruito nel 1953 il teatro all'aperto (architetti Luigi Vietti e Angelo Scattolin), capace di 1500 posti, ora in abbandono.

The Benedictine Monastery on the island of San Giorgio Maggiore, opposite Piazza San Marco, was founded in the year 982. In the sixteenth century the monks completely rebuilt the monastery to designs by distinguished architects. Since 1951 San Giorgio has been the headquarters of the Giorgio Cini Foundation, an international cultural centre that continues the great tradition of the Benedictine friars. In 1953 an open-air theatre (designed by architects Luigi Vietti and Angelo Scattolin) was built on the "island of cypresses", as it was once known. The theatre, with seating capacity for 1500 persons, is no longer in use.

O Dieu, purifiez nos coeurs!
Purifiez nos coeurs!
Sì, la mia strada hai segnato in luoghi ameni,
E la bellezza di questa tua Venezia
m'hai tu mostrata
E la sua grazia è divenuta per me
una cosa di lacrime
O Dio, quale grande bontà
abbiamo compiuta in passato
e scordata,
Da donare a noi questa meraviglia,
O Dio delle acque?
O Dio della notte,
Quale grande dolore
Ci attende,
Da compensarci così
Innanzi tempo!
O Dio del silenzio,
Purifiez nos coeurs,
Purifiez nos coeurs,
Poiché abbiamo veduto
La gloria dell'ombra della
immagine della tua ancella,
Sì, la gloria dell'ombra
della tua Bellezza ha camminato
Sull'ombra delle acque
In questa tua Venezia.

Ezra Pound (1907)

O Dieu, purifiez nos coeurs!
Purifiez nos coeurs!
Yea the lines hast thou laid unto me in
pleasant places,
And the beauty of this thy Venice
hast thou shown unto me
Until its loveliness become unto me
a thing of tears.
O God, what great kindness
have we done in times past
and forgotten it,
That thou givest this wonder unto us,
O God of waters?
O God of the night,
What great sorrow
Cometh to us,
That thou thus repayest us
before the time of its coming?
O God of silence,
Purifiez nos coeurs,
Purifiez nos coeurs,
For we have seen
The glory of the shadow of the
likeness of thine handmaid,
Yea, the glory of the shadow
of thy Beauty hath walked
Upon the shadow of the waters
In this thy Venice.

Ezra Pound (1907)

La chiesa di San Giorgio Maggiore
posata sulla laguna:
1565: Rinascenza di Palladio.

Le Corbusier (1946)

*The church of San Giorgio
Maggiore, situated on the lagoon:
1565: Palladio's renaissance.*

Le Corbusier (1946)

Ancora una volta la peste dilaniava molte città d'Italia
e d'Europa; la peste dei manzoniani *Promessi Sposi*.
E il 22 ottobre 1630 il Senato della Serenissima emanò un decreto:
"Cresce sempre più la certezza dell'indignazione del Signor Dio per le nostre
colpe con pruove ben più funeste del male
e ragionevol dubitazione del peggio, quando non rimanesse la Divina Maestà Sua
servita di preferire la sua gran misericordia. ...
Si compiano adunque processioni con i spiriti migliori de cuori contriti et
humiliati, et si debba dal Serenissimo Prencipe per nome pubblico far voto
solenne a Sua Divina Maestà di eriger in questa città et dedicar una chiesa
alla Vergine Santissima intitolandola Santa Maria della Salute et che ogni anno
nel giorno che questa città sarà pubblicata libera dal presente male, Sua Serenità
et i successori suoi anderanno solennemente col Senato a visitar la medesima
chiesa a perpetua memoria della pubblica gratitudine di tanto benefitio".
Il voto fu sciolto. Il 25 marzo 1631 Sua Serenità il doge Nicolò Contarini,
con il patriarca Giovanni Tiepolo, pose la prima pietra del mirabile tempio
dedicato alla Madonna della Salute.

La Chiesa della Salute.

Many cities in Italy and throughout Europe were again stricken by the plague described in Manzoni's novel I Promessi Sposi. On 22nd October 1630 the Senate of the Serenissima issued a decree: "Certainty is growing that the Lord God is angered at our sins, and it is beyond doubt that his wrath could be manifested in ways far worse than that of the present sickness, unless His Divine Majesty chooses to extend His great mercy... Processions are therefore to take place, attended by improved spirits, contrite and repentant hearts, in the name of the public, and the Most Serene Prince will vow solemnly to His Divine Majesty to erect a church in this city dedicated to the Most Blessed Virgin and named Santa Maria della Salute, and each year, on the date on which this city will have been declared free of the present pestilence, His Serenity and his successors, with the Senate, will ceremoniously visit that same church in everlasting memory of the public gratitude for such great favour." The pledge was honoured. On 25th March 1631 His Serenity Doge Nicolò Contarini, together with the Patriarch, Giovanni Tiepolo, laid the first stone of this extraordinary church devoted to "Our Lady of Health".

56

Sagrato della Chiesa della Salute.

Courtyard in front of the Chiesa della Salute.

Palazzo Dario.
Giovanni Dario, patrizio veneziano
che ebbe importanti incarichi
a Costantinopoli, acquistò nel 1479
un edificio di moderate
proporzioni sul Canal Grande
e ne affidò la ristrutturazione a
Pietro Lombardo.
Il grande architetto profuse nella
facciata, rivestendola di marmi
policromi in preziose geometrie,
la straordinaria originalità del suo
ingegno d'artista.

Palazzo Dario.
In 1479 Giovanni Dario, a
Venetian nobleman
wh o had held important offices
in Constantinople, purchased
a building of moderate size
on the Grand Canal. The great
architect Pietro Lombardi,
who was commissioned to rebuild
the palace, decorated the façade
in lavish style, covering it with
different coloured marble panels in
exquisite geometric designs and
producing a work of remarkable
originality and artistic genius.

Nelle due pagine successive:
il Canal Grande all'altezza del
Ponte dell'Accademia e il Canal
Grande nei pressi di Ca' Foscari e
Palazzo Balbi, sede del Comune.

On the following two pages: the
Grand Canal near the Ponte
dell'Accademia (the bridge leading
to the Academy of Fine Arts) and
the Grand Canal in the vicinity of
Ca' Foscari and Palazzo Balbi,
where the Municipal offices are
located.

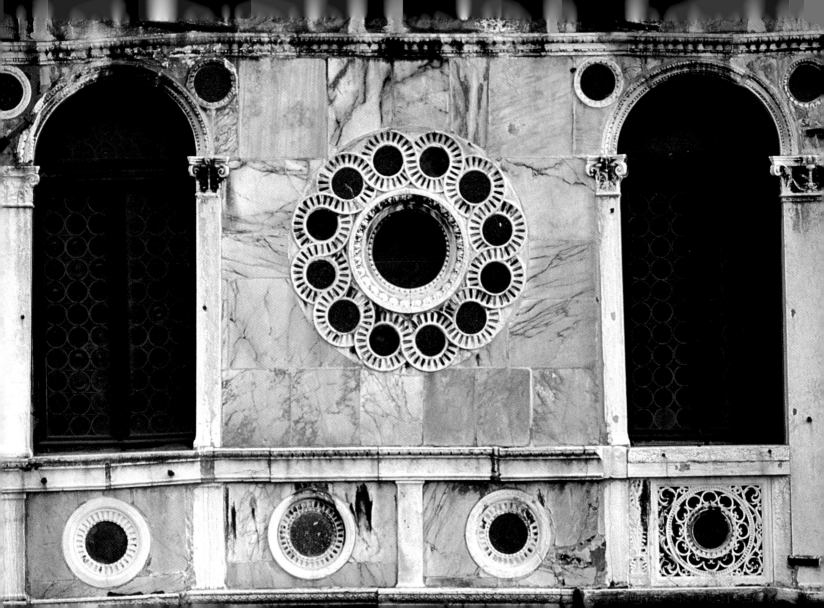

Il Canal Grande, stupore della natura e
superbia dell'arte.

Don Diego Zunica (1694)

*The Grand Canal, wonder of nature
and pride of art.*

Don Diego Zunica (1694)

A sinistra e a destra:
il Canal Grande
presso il Ponte di Rialto.

*To the left and to the right:
the Grand canal near the ponte
di Rialto.*

Contrattazione del prezzo per il tradizionale
giro in gondola.

*Negotiation of the cost
of a traditional sight-seeing ride
in a gondola.*

Rio della Canonica.

... La gondola era bella come un cavallo di razza. Quale mano, quale occhio ha concepito questa oscura simmetria? ...
Salirono nella gondola, e fu di nuovo il medesimo incanto: il guscio leggero e l'oscillazione improvvisa quando si sale, e l'equilibrio dei corpi nell'intimità nera una prima volta, poi una seconda quando il gondoliere incomincia a remare, facendo inclinare la gondola un poco su un lato per meglio governarla.

Ernest Hemingway (1949)

(The gondola) ... looks as lovely as a good horse... What hand
or eye framed that dark symmetry?... They got down into the gondolas,
and there was the same magic, as always, of the light hull, and the sudden
displacement that you made and then the trimming in the dark privacy,
and then the second trimming, as the gondoliere started to scull,
laying her partly on her side so that he would have more control.

Ernest Hemingway (1949)

... mentre la gondola risaliva
il Canal Grande, guardavamo
i palazzi fra i quali passavamo
riflettere la luce e l'ora sui loro
fianchi rosati, e con esse cangiare,
(non come abitazioni private o
monumenti celebri ma piuttosto
come una sequela di rocce a picco).

Marcel Proust (1925)

*We returned up the Grand Canal
in our gondola. We watched
the double line of palaces between
which we passed reflect the light
and angle of the sun upon their rosy
surfaces, and alter with them,
seeming not so much private
habitations and historic buildings
as a chain of marble cliffs...*

Marcel Proust (1925)

Palazzo Grimani.

Palazzo Grimani.

Il Canal Grande è l'arteria principale della circolazione della città.
La sua forma è quella di una S rovesciata.
Questa S è tagliata verso la metà dal ponte di Rialto.
Il Canal Grande di Venezia è la cosa più meravigliosa del mondo. Nessun'altra città può presentare uno spettacolo così bello, così singolare e così magico.
Ogni palazzo ha uno specchio per ammirare la propria bellezza, come una donna civettuola. La realtà superba si raddoppia nell'incantevole riflesso.
L'acqua accarezza con amore i piedi delle belle facciate baciate in fronte da una luce bionda e le culla in un doppio cielo.

Théophile Gautier (1852)

The Grand Canal is the main traffic thoroughfare in the city. It bears the shape of an inverted "S". This "S" is cut midway by the Rialto Bridge. The Grand Canal in Venice is the most marvellous thing in so fine, so singular and enchanting. Every palace, just like a coquettish woman, has a mirror in which to admire its own beauty. Magnificent reality repeats itself in the magical reflection. The water lovingly caresses the feet of the beautiful façades whose foreheads are kissed by a golden light, and cradles them between two skies.

Théophile Gautier (1852)

In primo piano a sinistra il Palazzo dei Camerlenghi a Rialto.

In the left foreground: Palazzo dei Camerlenghi, near the Rialto.

Palazzi sul Canal Grande, da sinistra a destra:
Palazzo Mangilli Valmarana Smith (rio dei Santi Apostoli),
Casa Zago, Palazzo da Mosto, Palazzo e Palazzetto Dolfin,
Palazzo Bollani Erizzo.

*Palaces on the Grand Canal, from left to right: Palazzo
Mangilli Valmarana Smith (rio dei Santi Apostoli), Casa
Zago, Palazzo da Mosto, Palazzo and Palazzetto Dolfin,
Palazzo Bollani Erizzo.*

Il Canal Grande all'altezza del Ponte dell'Accademia.

The Grand Canal at the Ponte dell'Accademia.

A Ca' Rezzonico sono legati i nomi di due fra i maggiori architetti veneziani: Baldassarre Longhena, che progettò il palazzo nel 1667 per conto della famiglia Bon e ne seguì la costruzione del pianterreno e del primo piano; e Giorgio Massari, che lo completò, attenendosi all'originario disegno longheniano, per conto dei nuovi proprietari, i Rezzonico. Il palazzo fu dimora del poeta inglese Robert Browning, che qui morì nel 1889. Gli arredi, le collezioni di porcellane ed abiti, e opere d'arte che vi sono raccolte, costituiscono il più importante museo del Settecento veneziano.

Two of Venice's greatest architects are linked with Ca' Rezzonico. One is Baldassarre Longhena, who designed the palace in 1667 for the Bon family and who supervised the erection of the ground and first floors. The second is Giorgio Massari, who completed the building in the mid-eighteenth century, overseeing the construction of the second floor (based on Longhena's original plan) for the new owners, the old Rezzonico family. The English poet Robert Browning lived in the palace and died there in 1889. The building is now a fascinating Museum of Eighteenth Century Venetian Life, containing furniture, porcellain collections, costumes and works of art.

A sinistra: Palazzo Grassi.
A destra: Ca' Rezzonico.

On the left: Palazzo Grassi.
On the right: Ca' Rezzonico.

Palazzo Loredan Calergi.

Il progetto di Ca' Venier dei Leoni (pare che i proprietari tenessero in gabbia, nel giardino, alcuni leoni), ideato nel 1749 dall'architetto Lorenzo Boschetti, prevedeva l'erezione di un palazzo le cui colossali dimensioni si indovinano dall'unico piano effettivamente costruito.
La prosecuzione dei lavori fu probabilmente impedita dalla mancanza di denaro.
Ma proprio all'incompiutezza deve la propria fama il singolare edificio, oltre che alla importante collezione d'arte contemporanea in esso raccolta da Peggy Guggenheim.

Ca' Venier dei Leoni (whose owners are reputed to have kept several caged lions in the garden) was designed in 1749 by the architect Lorenzo Boschetti.
Only one floor was completed, but this alone is evidence that the palace was intended to be of colossal size.
Work was probably discontinued due to dwindling finances. This unusual building is well known, partly because it is unfinished, and partly because it now contains the important Peggy Guggenheim Collection of contemporary art.

A sinistra: Palazzo Giustinian.
A destra: Ca' Venier dei Leoni.

On the left: Palazzo Giustinian.
On the right: Ca' Venier dei Leoni.

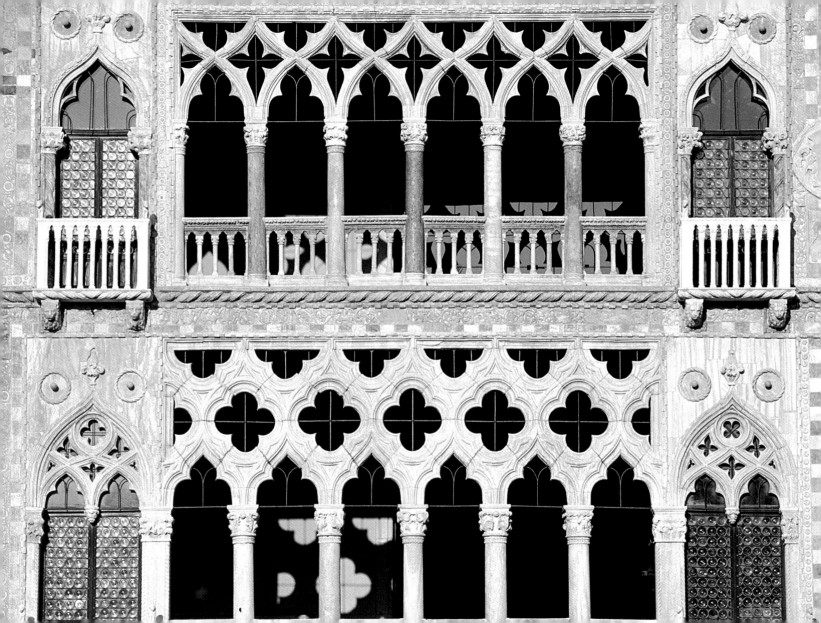

La Ca' d'Oro appartiene all'ordine dei fiori che
sembrano così incantevoli soltanto per piacere
a se stessi.
Le pietre vive fanno pensare a un pergolato di
rose sostenute da ireos, in una cornice di
gladioli e di gigli rossi.
La Ca' d'Oro è un sorriso di donna, la casa
della principessa innamorata.
Ha la gloria di una giovane sposa: dal suo
viso traspira la serenità della gioia; e il Canal
Grande ammira questa dolcezza serena.

André Suarès (1932)

*The Ca' d'Oro may be compared to those
flower species which are irresistible because
they seem to revel in their very existence.
The brickwork reminds one of a rose trellis
supported by irises, framed by gladioli
and red lilies. The Ca' d'Oro is like a woman's
smile, the house of a princess in love.
It has the glory of a young bride:
joyful serenity emanates from her face;
and the Grand Canal admires this sweet
serenity.*

André Suarès (1932)

A sinistra: Ca' d'Oro.
A destra: Ca' Corner Spinelli.

*On the left: Ca' d'Oro.
On the right: Ca' Corner Spinelli.*

79

La finta modestia per la quale i veneziani sempre chiamarono ca', casa, i loro palazzi, mal si addice alla dimora davvero regale che i Pesaro si costruirono sul Canal Grande, a San Stae, nella seconda metà del Seicento.
Il Longhena ne fece il suo capolavoro, e uno dei capolavori dell'architettura di quel secolo. La curva del rio lungo il quale la mole si stende, impose o suggerì all'architetto di conservare, sia pure attenuato, il trionfale disegno della facciata principale anche nel prospetto laterale.
Ca' Pesaro è sede della Galleria d'Arte Moderna.

The false modesty with which the Venetians invariably call their palaces Ca' (Casa: house) is singularly inappropriate to the truly regal residence which the Pesaro family built at San Stae, on the Grand Canal, in the second half of the seventeenth century. It was Longhena's masterpiece and, indeed, one of the great architectural achievements of that century. The curve of the little canal flowing alongside the building may have impelled – or inspired – the architect to continue the triumphal design of the main façade – albeit in less extravagant style – along the side face. Ca' Pesaro now contains Venice's Modern Art Gallery.

Ca' Pesaro.

Campo S. Maria Formosa. La chiesa, di antichissima fondazione, fu riedificata su progetto di Mauro Codussi (1492). La cupola fu colpita da bombe incendiarie durante la prima guerra mondiale, e ricostruita nel 1921. Dall'altro lato del campo, palazzo Ruzzini-Priuli (architetto Bartolomeo Manopola, 1580 circa).

Campo Santa Maria Formosa. The church, built in ancient times, was reconstructed on a design by Mauro Codussi (1492). The dome, having been struck by fire bombs during World War I, was rebuilt in 1921. On the other side of the campo, the Palazzo Ruzzini-Priuli (Bartolomeo Manopola, architect, about 1580).

A sinistra: Calle Larga a S. Moisè.

On the left: the Calle Large at San Moisè.

Chi mette piede per la prima volta, o dopo una lunga assenza, su una gondola veneziana, non ha dovuto reprimere un brivido fugace, un senso segreto di disagio o di avversione?
Giunto immutato fino a noi dai tempi delle ballate, nero come nere al mondo sono soltanto le bare, lo strano legno evoca alla nostra mente tacite, delittuose avventure nel mormorio notturno delle acque; e soprattutto evoca la morte stessa, il feretro, il corteo tetro, il silenzio dell'ultimo viaggio.
E chi ha notato che il sedile di tale bara, quel piccolo sofà verniciato di funebre nero, provvisto di tenebrosi cuscini, è il più molle, invitante e rilassante di tutti i cuscini?

Thomas Mann (1912)

Is there anyone but must repress a secret thrill on arriving in Venice for the first time – or returning thither after long absence – and stepping into a Venetian gondola? That singular conveyance, come down unchanged from ballad times, black as nothing else on earth except a coffin – what pictures it calls up of lawless, silent adventures in the plashing night; or even more, what visions of death itself, the bier and solemn rites and last soundless voyage! And has anyone remarked that the seat in such a bark, the arm-chair lacquered in coffin-black and dully black-upholstered, is the softest, most luxurious, most relaxing seat in the world?

Thomas Mann (1912)

L'aria di Venezia, la vita che si conduce è singolarmente adatta a cullare l'anima nelle speranze: il tranquillo oscillare delle barche induce alle fantasie e alla pigrizia.
Osvaldo e Corinna vagabondavano sull'acqua per lunghe ore, l'uno a fianco dell'altra; di tanto in tanto dicevano una parola: più spesso, tenendosi la mano, si lasciavano rapire in silenzio dai vaghi pensieri che fanno nascere la natura e l'amore.

M.me de Staël (1807)

The air in Venice and the life one conducts there are particularly appropriate to the cherishing of hopes within the soul: the gentle rocking of boats is conducive to flights of fancy and idleness. Oswald and Corinne drifted across the water for hours on end, side by side; occasionally a word was spoken: more often than not, holding hands, they silently let themselves be carried away by the vague thoughts from which nature and love are born.

M.me de Staël (1807)

Una rarissima immagine della gondola con il "Felze", specie di tettuccio per ripararsi dal freddo.

An extremely rare picture of a gondola with a felze, a sort of roofed cabin as protection against the cold.

A sinistra Campo
dell'Angelo e a destra
Campo S. Polo.

On the left:
Campo dell'Angelo.
On the right:
Campo San Polo.

Senza gondola, Venezia non è possibile. La città è una madrepora e la gondola ne è il mollusco. Essa soltanto può serpeggiare attraverso il reticolo inestricabile e l'infinita capillarità delle vie d'acqua.

Théophile Gautier (1852)

Without the gondola, Venice would be impossible. The city is a madrepore and the gondola is its mollusc. It alone can weave through the complex network, the never-ending maze of waterways.

Théophile Gautier (1852)

A sinistra:
vera da pozzo in Campo San Giovanni e Paolo.
A destra:
calle a San Giacomo dell'Orio.

On the left:
a well-curb in Campo Santi Giovanni e Paolo.
On the right:
a calle (narrow street) at San Giacomo dell'Orio.

I ponti che ancorano l'una all'altra le 116 isole costituenti la città di Venezia, sono 418; ma ad una numerazione rigorosa si oppone la particolare struttura di alcuni di essi (doppi, tripli; uno, nei pressi di piazzale Roma, addirittura quintuplo: e tuttavia nel computo considerati singoli).
Dei ponti aerei (come quello che congiunge due edifici dell'albergo Danieli) è computato, in omaggio alla fama, soltanto il ponte dei Sospiri.

A total of 418 bridges anchor together the 116 islands which comprise the city of Venice. A precise numbering of these bridges is difficult, however, because of their particular structure (e.g. double and triple bridges; one, near Piazzale Roma actually a quadruple bridge). The figure given counts all these as single bridges. Bridges not at ground level (e.g. the one linking the two buildings which make up the Hotel Danieli) are not included in this total except for, because of its fame, the Bridges of Sighs.

LUNGHEZZE MINIME PERMESSE
PER LA VENDITA DEL PESCE
DELLE SEGUENTI QUALITÀ

CENT.

	CENT.
BARBON TRIA SARDELLA SARDON	7
BRANZIN ORADA. DENTAL. CORBO	
SPARO. BOTOLO. BOSEGHETA. SOASO	
LOTREGAN MECIATO. VERZELATA	12
LOVO. SFOGIO PASSARIN. ROMBO	
BISATO.	25
OSTREGA.	5
PEOCIO	

A sinistra:
ponte in Fondamenta
Rossa, non lontano da
Piazzale Roma.
A destra:
statua del mercante
Rioba.

On the left:
a bridge at the
Fondamenta Rossa
(Red Quay), not far
from Piazzale Roma.
On the right:
a statue of the
merchant Rioba.

A sinistra:
il Ghetto degli Ebrei.
A destra:
chiesa di S. Giacomo
Dell'Orio.

*On the left:
the Jewish Ghetto.
On the right:
the Church
of San Giacomo
dell'Orio.*

A sinistra:
il mercato della frutta
presso il Ponte di
Rialto.
A destra:
lo "squero"
a S. Trovaso.

To the left:
the fruit-and-vegetable
market near the Ponte
di Rialto.
On the right:
the "Squero"
(or gondola workshop)
at San Trovaso.

A sinistra:
la casa di Carlo Goldoni a San Polo.
A destra:
statua del Goldoni in Campo San Bartolomeo.

On the left:
Carlo Goldoni's residence at San Polo.
On the right:
a statue of Goldoni in Campo San Bartolomeo.

Ste bestie i nasconde qualcossa de
straordinario che no se riesse a dispiegar.
Ti no sai mai perché i fa una cossa o perché
i no la vol fare, perché i vien o quando che
i va, quello che i vuol, perché i resta dove che
i xe. Un gatto mai veduto fino a quel giorno,
tutto nero, non più giovane e ancora
bellissimo, d'una corporatura al di sopra del
normale. Gli occhi erano due smeraldi che
avevano incastonato al centro un brillante di
pura acqua. Se capisse che 'l xe un animal de
sangue patrissio, e forse no 'l xe neppure un
gato aggiungeva con un brivido di paura,
cossa xela sta strana bestia? I gati i so misteri
no li conta a nissun.

Aldo Palazzeschi (1951)

*"These animals conceal something
extraordinary and quite inexplicable.
You never know why they do something
or why they don't, when they'll come or when
they'll go, what they want, or why they stay
where they are." A cat, never seen before
that day, black-coated, no longer young but as
handsome as ever, and above average in size.
Its eyes were two emeralds, with a pure white
diamond set between them. "You can see that
it's an animal of noble blood, and perhaps
it isn't even a cat", he added with a shiver
of fear. "What on earth is this strange creature?
Cats reveal their mysteries to no one."*

Aldo Palazzeschi (1951)

Chiesa dei
SS. Giovanni e Paolo.

*Church of Santi
Giovanni e Paolo.*

DIVIS·IOANNI·ET·PAVLO·B·M·SACRVM

XXXIX

A sinistra:
Campo SS. Giovanni e Paolo con a destra la Scuola
Grande di San Marco, sede dell'Ospedale Civile.
In mezzo al campo è visibile il monumento equestre del
Colleoni, opera del Verrocchio.
A destra:
la Chiesa dei Miracoli.

On the left:
Campo Santi Giovanni e Paolo, with (on the right) the
Scuola Grande (or great guild) of San Marco, the site of
the City Hospital. Visible in the middle of the Campo
(or square) is Verrocchio's equestrian statue
commemorating the military leader Bartolomeo Colleoni.
On the right:
the Chiesa dei Miracoli.

Nelle due pagine seguenti: la Giudecca.

On the next two pages: the Riva della Giudecca (banks of
the island known as the Giudecca).

115

Nelle due pagine precedenti:
a sinistra una suggestiva immagine
della cupola della chiesa
di S. Simeone piccolo.
A destra il Canal Grande presso la
stazione ferroviaria:
Il secentesco palazzo Flangini
(architetto Giuseppe Sardi);
la chiesa di San Geremia
(di antica fondazione, ricostruita
nella seconda metà del Settecento,
architetto Carlo Corbellini;
la facciata verso il Canal Grande
completata alla fine dell'800);
palazzo Labia (attribuito
all'architetto Alessandro
Tremignon, 1660 circa, ora sede
della RAI; celebri gli affreschi di
Giovanni Battista Tiepolo).

*On the previous two pages: on the
left, a striking view of the dome on
the Church of San Simeone Piccolo.
On the right: the Grand Canal,
near the railway station: the 17th-
century palazzo Flangini (Giuseppe
Sardi, architect); the Church of San
Geremia, built in ancient times,
reconstructed during the latter part
of the 17th century (Carlo
Corbellini, architect); the facade
facing the Canal was completed at
the end of the 1800s; Palazzo Labia
(built about 1660, attributed to the
architect Alessandro Tremignon),
now the Venice headquarters of RAI
(Italian public radio & television),
contains famous frescoes by
Giovanni Battista Tiepolo.*

L'Arsenale.

*The Arsenale (originally a ship-building
and naval dockyard).*

Ancora qualche giorno; e poi sarebbe venuto, con i primi freddi, l'inverno. La città molle ed oppiacea – finta dal loro arbitrio, pretesa dal loro capriccio – sparisce con lo sparir dei forestieri sonnolenti. E un bel mattino, al levarsi del sole, ecco, quell'altra Venezia, è ben là: reale; sveglissima; fragile così, che un soffio la incrina; non emersa, per niente affatto, dai sogni. Quella Venezia voluta ad ogni costo dal nulla sopra foreste sommerse; creata a forza, per un prodigio di volontà, e giunta infine al miracolo del suo corpo e dell'anima sua inconfondibili. A quel corpo, indurito e ridotto all'indispensabile, traverso cui l'Arsenale insonne spingeva il sangue del proprio lavoro implacato. E all'anima di quel corpo: penetrante ed estenuante, via, via; più forte che non il profumo delle terre aromatiche. Lo Stato maliardo, che barattava il sale ed il vetro della sua povertà con tutti i tesori dei popoli. Il bel contrappeso del mondo, che trabocca, finanche nei suoi monili, di energie misteriose, ramificate per vasi capillari. Insomma, Venezia.

Rainer Maria Rilke (1910)

A few days now and the first cold days of Winter will be here, in whose judgement this city, soft and opiate, is a fiction and subject to their caprice once the sleepy visitors have all gone. Then, one fine morning at sunrise, there she will be, that other Venice, very much present, real and wide awake, but so fragile that a breath of wind would blow her away, and by no means emerged out of her dreaming. She was wanted at all costs, this Venice, built upon her submerged forests, wanted out of nothing by a prodigious will until she was there, by a miracle, in her own unmistakeable body and soul. A hardened body, pared back to the indispensable, through which the unsleeping Arsenal pumped the blood of its own implacable work. Its soul, penetrating and exhaustive, moving little by little into all the aromatic lands. This State, bewitching all the peoples with the salt and glass of its poverty, bartered these for their treasures. This beautiful "counterbalance of the world" that goes over the score even in the matter of its own jewels, with a mysterious all-pervarding energy even in the very finest of its capillaries... in a word, Venice.

Rainer Maria Rilke (1910)

A sinistra: l'entrata dell'Arsenale.
A destra: un bar in Riva degli Schiavoni.

On the left: Entranceway to the Arsenale.
On the right: A bar on Riva degli Schiavoni.

A sinistra: Riva degli Schiavoni con
la Chiesetta della Pietà.
A destra: una vista aerea
dell'Arsenale.

On the left: Riva degli Schiavoni,
with a view of the Chiesetta
della Pietà.
On the right: An aerial view of the
Arsenale.

Il primo cenno al Carnevale di Venezia si trova in un documento del 1094. Da quei tempi remoti al Settecento, la febbre del divertimento andò salendo fino alla vertigine, contagiando mezzo mondo. La città sulla laguna divenne la passerella dei grandi personaggi d'Europa.

Nel Candide, Voltaire raduna nella città delle delizie e del gioco sei re deposti, i quali concludono la propria presentazione ripetendo la battuta: Sono venuto a Venezia per trascorrervi il carnevale. La maschera era l'uniforme di ordinanza.

Dapprima ne era consentito l'uso soltanto durante il periodo ufficiale, dal giorno di Santo Stefano alle Ceneri, che calcava pressappoco il periodo dei romani Saturnali, e di questi ereditava il carattere sfrenato ed orgiastico, col rito purificatorio del funerale conclusivo.

Ma otto o dieci settimane erano troppo poche per una città pervasa dall'euforia spasmodica, e l'uso della maschera andò straripando lungo tutto il calendario, divenendo lecito anche dal 5 ottobre al 16 dicembre, durante i quindici giorni della grande sagra dell'Ascensione (per non turbare quella del 1762, la notizia della morte del doge Francesco Loredan non venne diffusa), e in tutte le feste inventate per celebrare le ricorrenze di un passato glorioso e ormai fatalmente irripetibile.

The first mention of the Venice Carnival appears in a document dated 1094. From that distant era until the eighteenth century, the quest for enjoyment gradually gained momentum until it reached fever pitch, attracting revellers from far and wide. Notable European personalities flocked to the city.

In Candide, Voltaire transports six deposed monarchs to the capital of pleasure and gambling, and each ends his introduction with the same line: "I came to Venice for the Carnival." Carnival costume was obligatory uniform. Originally it was only permitted during the official Carnival period, from Boxing Day until Ash Wednesday. This period virtually coincided with that of the Roman Saturnalia, perhaps explaining the orgiastic nature of the event and the purifying ritual of the concluding funeral.

But eight or ten weeks were not enough for a city imbued with a constantly throbbing euphoria, and eventually Carnival disguises became common throughout the year. They were legally allowed from 5th October until 16th December, during the fifteen days of the great Festival of the Ascension (in 1762, news of Doge Francesco Loredan's death was withheld in order to avoid spoiling the festivities), and on all the holidays that recalled certain events from Venice's past which, inevitably, could never be repeated.

Nella regata delle Repubbliche
Marinare si affrontano ogni 4 anni
gli armi delle città di Venezia,
Amalfi, Pisa e Genova.

*In the annual boat race known as
the Regatta of the Maritime
Republics, crews from the cities of
Venice, Amalfi, Pisa and Genoas
compete against one another.*

...s'introdussero le Ragatte, cioè il corso delle barche al palio, in quella guisa che fanno i cavalli in terra ferma.

Francesco Sansovino (1580)

...Regattas were introduced, that is, boating contests held in the manner of horseracing events on the mainland.

Francesco Sansovino (1580)

La prima domenica di settembre di ogni anno, giornata che una tradizione non smentita vuole sempre luminosa di sole, si svolge la regata storica, massima competizione fra i più vigorosi ed abili vogatori veneziani, selezionati dalle regate minori. La gara è preceduta da un grande corso di splendide barche d'epoca fastosamente decorate, sospinte da rematori in costume ed occupate da figuranti negli abiti di illustri personaggi della storia cittadina.
Un corteggio di gondole accompagna la festosa sfilata lungo il Canal Grande, tra due ali di barche assiepate lungo le rive e la gente plaudente dalle finestre dei palazzi.

The weather is usually glorious all day long for the Regata Storica – the most important boat race for Venice's powerful, skilled oarsmen – which is held each year on the first Sunday of September. Before the contest begins there is a pageant of sumptuously decorated traditional Venetian boats. The oarsmen wear period costume, and the boats carry people dressed as illustrious figures from Venetian history. Accompanied by a retinue of gondolas, the floats proceed along the Grand Canal, greeted by tumultuous applause from spectators who watch from boats moored along the banks or from the windows of their homes.

Fra le vittime della peste che decimò la popolazione di Venezia dal giugno del 1575 alla fine del '76 vi fu Tiziano Vecellio, morto quasi centenario il 28 agosto 1576.

I morti furono quasi cinquantamila. Il 4 settembre di quell'anno, il Senato dava mandato al doge di "far voto per nome pubblico a Sua Divina Maestà che si edificherà una chiesa a laude e gloria sua, intitulata al Redentor nostro, et ogni anno nel giorno che questa città sarà publicata libera dal presente contagio, Sua Serenità et li successori suoi anderà solennemente a visitar detta chiesa a perpetua memoria del benefitio ricevuto".

Cessato il morbo, si incominciò subito la costruzione del tempio alla Giudecca, su progetto del Palladio. La consacrazione seguì nel 1592.

Da allora si ripetè ogni anno il devoto pellegrinaggio alla chiesa del Redentore; ma la festa, schiettamente religiosa finché fresca era la rimembranza del passato flagello si è tramutata col tempo in festa prevalentemente profana.

Tiziano Vecellio (Titian) was one of the victims of the plague that lasted from June 1575 until the end of 1576, decimating the population of Venice. He died on 28th August 1576, only a few years before his hundredth birthday. Almost fifty thousand people had perished in all. On 4th September of the same year, the Senate ordered the Doge to "vow to His Divine Majesty, on behalf of the populace, that a church will be built in His praise and glory, dedicated to our Redeemer, and each year on the anniversary of the day on which this city shall be pronounced free of the present contagion, His Serenity and his successors will visit the church in solemnity, in everlasting memory of the favour received." As soons as the disease had been wiped out, work began on the church. Situated on the island of Giudecca and designed by Palladio, it was consecrated in 1592. Since that time, the pilgrimage to the Redentore church has been an annual event. "Whilst the memory of the past scourge was still fresh", it remained a purely religious festival, but over the centuries it has become increasingly secular.

A vederla, ora, la città ispira ottimismo, è tutta un cantiere di restauri, è tutta un fervore di iniziative, mostre, rassegne, convegni, spettacoli, congressi. Il Veneto, alle sue spalle, non è più una regione depressa, ma una delle aree di massimo sviluppo. Ma è ancora Venezia? E se lo è, lo rimarrà fino a quando? Il turismo di massa la insidia, la sgretola; la fuga della popolazione, sostituita da una folla di abitanti temporanei, proprietari o affittuari di case da abitare una settimana l'anno, le sta facendo perdere ogni identità. Venezia rischia di diventare, è stato detto, una squallida Disneyland senza anima e senza verità. E su quella via proliferano le iniziative, i progetti. Se Venezia sopravviverà quale Venezia sarà? Quale Venezia varcherà i paventati confini del secolo?

Alvise Zorzi

Looking at the city today, it inspires optimism, with a lot of restoration work underway, a city full of initiative, exhibitions, reviews, conventions, performances and congresses. The Veneto region lying behind the city is no longer a depressed area but has reached high levels of development. But is Venice still Venice? If it is, how long will it remain so? With mass tourism it is threatened and is gradually disintegrating. The town is losing its identity because the population has disappeared, substituted by a crowd of temporary residents who own or rent a house which is lived in for only one week a year. As has already been said, Venice risks becoming a squalid Disneyland with no soul or integrity. The countless schemes and projects are all leading in this direction. If Venice survives, what sort of Venice will it be? What kind of Venice will cross the fearful boundary into the next century?

Alvise Zorzi

Molto spesso mi sento definire il "fotografo ufficiale di Venezia". Toglierei subito quell'ufficiale, mi basta quel "fotografo di Venezia". È già molto così. Ho faticato trent'anni per arrivare a tanto.

Infatti il mio primo libro uscito a Losanna nel lontano 1954 è *Venise à fleur d'eau*. Ma i tempi non erano maturi in Italia per i libri fotografici ed il volume passò del tutto inosservato al grande pubblico. Per mia fortuna non fu così all'estero. *Nemo profeta*. Ricordo con nostalgia i viaggi in Spagna con la bicicletta. In quegli anni avevo scoperto la poesia di Garcia Lorca e volevo realizzare un libro d'immagini con alcuni dei suoi poemi. Il fotolibro uscì infatti nel 1957 sempre a Losanna e l'edizione si esaurì in pochi mesi. Furono anni leggendari. Con pochissimi soldi e macchine fotografiche non certo all'altezza di quelle odierne, nulla mi fermava. Così, anno dopo anno, accumulavo un'esperienza che sarebbe stata determinante per affrontare la grande avventura del colore con Venezia. Perché il colore dopo tanto bianco e nero? È molto semplice: l'uomo vede il mondo, la realtà che lo circonda a colori. Il bianco e nero è astrazione.

La lettura del bianco e nero è come un messaggio in codice: solo gli addetti ne capiscono il senso. Eppure l'importanza del bianco e nero come linguaggio è insostituibile. Non si è fotografi, non si diventa fotografi, se non attraverso l'alto magistero della camera oscura, del laboratorio dove prende via via forma ciò che è nato dentro di noi e impressionato sul negativo.

Le forme purissime di questa disciplina dovevano servirmi da immaginari teleri dove immettervi i pigmenti del kodachrome. Ed eccomi al lavoro. Anni di ricerche, di tentativi per fissare i momenti essenziali della città unica.

Perché fotografare per la terza volta nell'arco di trent'anni la città più fotografata del mondo è un'impresa al limite del possibile. Ma appunto perché difficilissima mi sentivo stimolato a realizzarla. Non mi sono mai piaciute le imprese facili. E poi le difficoltà, i disagi stimolano, aguzzano l'intelligenza, aumentano l'intraprendenza. Inoltre Venezia è la mia città il che rappresenta un enorme handicap. A forza di vederla tutti i giorni dell'anno, o quasi, si finisce col non vederla più. L'abitudine toglie interesse alle cose.

Bisognava annullare un mucchio di anni e riscoprirla con gli occhi inquieti e avidi del fotografo in erba qual ero io attorno agli anni '50. Questa fu l'operazione più difficile e delicata, ma una volta realizzata, potevo partire sicuro e far ricorso a un entusiasmo rimasto miracolosamente intatto e ad una tecnica ultracollaudata.

Così è nata LA MIA VENEZIA. Senza nessuna forma di preclusione. Perché tutto poteva e doveva essere preso in considerazione. Privilegiare un soggetto piuttosto di un altro è sempre in funzione dell'importanza dello stesso nel contesto della città o di una città tutta particolare come Venezia. Dosare il numero di fotografie, poniamo, di Piazza San Marco non è stato semplice. E quante su Rialto? O sulla Venezia minore ma che minore non è affatto? Venezia è un fenomeno storico urbano unico al mondo. Proporlo in chiave visiva significa dosarne le varie componenti con immagini il più significative e cattivanti possibile. Da qualche parte mi si accusa di cogliere soltanto il lato estetizzante, bello, positivo della città e di non mostrare o proporre i problemi reali, autentici di Venezia. Che ci sono e come! Ma lo scopo del libro, o almeno di questo libro era ed è quello di mostrare al mondo quella follia dell'ingegno umano che è Venezia, nata sull'acqua dalla paura. Ebbene questo miracolo esiste ancora, dopo un millennio, è qui davanti a noi, ma può anche sparire se non si affrontano i problemi con serietà e intelligenza. Ecco, la bellezza voluta e costruita dall'uomo non può morire, non deve morire per la faziosità e la demagogia di altri uomini.

I have frequently heard myself described as "the official photographer of Venice". I prefer to erase the word "official" – "photographer of Venice" – is quite sufficient. Indeed, it is a great deal. I have worked hard for thirty years to get that far. My first book, in fact, issued in Lausanne in long-ago 1954, was Venise à Fleur d'Eau: But in Italy, in those days, the time was not yet ripe for books of photographs and the volume went unobserved by the public at large. Fortunately, it was a different story elsewhere. No man is a prophet in his own country, as the proverb says. I have happy memories of my bicycle journeys through Spain.

This was the period in which I had discovered Garcia Lorca's poetry and I wanted to produce a book of photographs containing some of his poems. The book came out in 1957, once again in Lausanne, and sold out within a few months. They were good years. I had very little money and my cameras certainly weren't of the same standard as the ones I use nowadays, but nothing could stop me. With each year that passed I gained experience that was to stand me in good stead when later on, in Venice, I found myself up against that great challenge, colour. Why colour after so much black and white? The answer is quite simple: beings see the world, the reality which surrounds them in colour. Black and white is abstraction.

Interpreting black and white is like trying to decipher a message written in code: only the experts can grasp its meaning. Nonetheless, black and white constitutes a language of cardinal importance. No one may be a photographer, or may aspire become one, without first of all mastering darkroom skills and, in the laboratory, observing something that was engendered in one's own being and then exposed on a negative, gradually take form.

For me, the pure forms of this discipline became imaginary canvases on which to daub the colour pigments of Kodachrome. And now, at last, here I am at work. It took years of experimentation, of trial and error, before I could capture the essence of Venice, a city which is quite unique.

Taking pictures of the world's most photographed city for the third time in thirty years is an undertaking that verges on the impossible. But it was just that difficulty which urged me to go ahead with the project. I was never keen on easy tasks. What's more, Venice is my home town, and that represented an enormous handicap. When you see a place almost every day of the year, you end up by not seeing it at all. Familiarity with something always dulls its appeal. I had to wipe out a great many years and discover the city with the restless, eager eye of the budding photographer I was in the 1950s. This proved to be the most difficult and delicate operation but, once achieved, I could embark on my work confidently, aided by my miraculously intact enthusiasm and an exhaustively tested technique.

So it was that LA MIA VENEZIA came into being. It contains no preclusions whatsoever. For everything could, and had to be, taken into consideration. The choice of subject matter is always related to its significance within the context of the city concerned – in this case, within of a totally unique city, Venice. It was not easy to ration the number of pictures of, say, Piazza San Marco. And how many should there be of Rialto? Or of Venice's lesser known areas, which are far from insignificant? Venice's history and architecture are unparalleled throughout the world. In order to present a visual portrait of the city, a careful balance of its various features, and a choice of the most fascinating, significant images, are necessary.

I am sometimes accused of only being interested in the aesthetic, positive side of the city and of failing to illustrate Venice's genuine problems. It goes without saying that these do exist. But the aim of this book is to show the world the sheer creative folly that made Venice, a city born of fear upon the water, what it is today. And after thousands of years, today that miracle still lies before us but, if its problems are not handled with thought and intelligence, it could well disappear.

A work of beauty that was desired and constructed by human beings cannot, and must not, be slain through the factiousness and demagogy of other human beings.

Fulvio Roiter nasce a Meolo, non lontano da Venezia, ed è professionista dal 1953. Il suo primo libro fotografico VENISE À FLEUR D'EAU viene pubblicato a Losanna nel 1954. L'anno seguente esce OMBRIE, TERRE DE ST. FRANÇOIS. Questo libro ottiene a Parigi il premio Nadar per il 1956 e consacra l'autore come uno dei più grandi fotografi della sua generazione. Nel 1957 pubblica ANDALOUSIE e nello stesso anno inizia il suo primo lungo viaggio attraverso il continente Brasile. Questo viaggio, durato nove mesi, costituisce per lui una importante esperienza umana e fotografica. Dal 1963 al 1965 lavora per il foto-libro NAQUANE dedicato alle incisioni preistoriche della Valcamonica. Dal 1968 collabora assidua-

Fulvio Roiter beve il suo tradizionale "cappuccino tiepido" al bar Rosa Salva in campo S. Luca.

mente alle Edizioni Atlantis di Zurigo per le quali realizza una serie di libri prestigiosi su Messico, Brasile, Turchia, Spagna, Tunisia e Portogallo. Nel 1977 pubblica ESSERE VENEZIA, il più strepitoso successo editoriale del settore. Nel 1982 esce L'ORIENTE DI VENEZIA, una magica e irripetibile evocazione storica delle conquiste veneziane nel Mediterraneo. Nel 1985 comincia la sua collaborazione con la Editrice Grafiche Vianello con il marchio Vianello Libri. Con l'editore trevigiano pubblica venti titoli, ultimi dei quali sono:
CANSIGLIO (1989), LA MIA VENEZIA, FIRENZE TEATRO, FRANCESCO D'ASSISI, UN'ANTICA ARMONIA (1990), MAGIC VENICE IN CARNIVAL (1991), UDINE (1992), PAESAGGI D'AUTORE (1993), AQUILEIA RAVENNA (1994), NUVOLE (1995), BURANO (1996), IL PALAZZO DUCALE (1997), GRAND PRINCESS (1998), VENEZIA 1891-2001 (2000).

Giuseppe Prezzolini ha scritto di lui: "Le sue fotografie rivelano un occhio ed un animo penetrante, capace di scegliere l'essenziale, di sorprendere ogni espressione umana. Ha percorso il mondo in cerca di quel che voleva non di ciò che gli era stato ordinato o di quello che il pubblico s'aspettava. Come ogni artista vero, la tecnica sua accompagna l'ispirazione e si muta con essa. Non c'è mai retorica, né luogo comune nelle sue immagini. I suoi libri sono da regalare, da conservare, da sfogliare nelle ore in cui si vuol vivere intensamente assorbiti dal mistero di un occhio meccanico che ci fa vedere quello che l'occhio naturale non scorgerebbe".

Fulvio Roiter was born at Meolo, not far from Venice and has been a professional photographer since 1953. His first photograph-book; VENISE À FLEUR D'EAU was published in Lausanne in 1954. The following year his work OMBRIE. TERRE DE ST. FRANÇOIS was issued. This book was awarded the Nadar prize for the year 1956 in Paris and established the author as one of the greatest photographers of his generation. In 1957 he published ANDALOUSIE and in the same year set out his first long journey across the Brazilian continent. This journey which lasted nine months represented a relevant experience both for the photographer and the man. Between the years 1963 and 1965 he worked at his picture book NAQUANE dedicated to the prehistorical engravings in the northern Italy district of Valcamonica. Since 1968 Roiter became an assiduous contributor to the Edizioni Atlantis of Zurich, creating for this publishing house a series of prestigious books on Mexico, Brazil, Turkey, Spain, Tunisia and Portugal. In 1977 came his photo-book ESSERE VENEZIA the undisputed best-seller in its field. In 1982 L'ORIENTE DI VENEZIA was issued, a magical and irrepeatable historical evocation of Venetian conquests in the Mediterranean sea. In 1985 Roiter started his collaboration with the publishing house Grafiche Vianello and with the Vianellolibri brand. Twelve of his works have been issued by this publisher from Treviso, the most recent of which are: CANSIGLIO (1989), LA MIA VENEZIA, FIRENZE TEATRO, FRANCESCO D'ASSISI, UN'ANTICA ARMONIA (1990), MAGIC VENICE IN CARNIVAL (1991), UDINE (1992), PAESAGGI D'AUTORE (1993), AQUILEIA RAVENNA (1994), NUVOLE (1995), BURANO (1996), IL PALAZZO DUCALE (1997), GRAND PRINCESS (1998), VENEZIA 1891-2001 (2000).

Giuseppe Prezzolini wrote of him: "His photographs reveal a piercing eye and soul, capable of selecting the essential matter, of catching any human expression. He has travelled across the world searching what he wanted, not what he had been asked to or what the public expected from him. Like any true artist, his technical skill matches inspiration and becomes one and the same thing with it. His pictures never indulge in rethoric or commonplace. His books can be excellent gifts, treasures to be enjoyed when you want to live intensely absorbed in the mystery of a mechanical eye which allows you see what the natural eye could not perceive".

Finito di stampare
nel mese di Febbraio 2004
nello stabilimento delle Grafiche Vianello,
Ponzano/Treviso/Italy